# Perles de profs

ISBN : 978-2-7540-6447-7
Dépôt légal : juin 2014
Imprimé en Italie

Direction éditoriale : Aurélie Starckmann
Correction : Niels Labuzan
Illustration de couverture : © Catherine Meurisse
Mise en page : Olivier Frenot

Éditions First, un département d'Édi8
12, avenue d'Italie
75013 Paris – France
Tél. : 01 44 16 09 00
Fax : 01 44 16 09 01
E-mail : firstinfo@efirst.com

Site internet : www.editionsfirst.fr

Au début de ta jeune carrière, j'ai trouvé sympa ce petit livre : À toi de ne pas risquer d'être dedans !!

Nathalie

# Perles de profs

Laurent Gaulet

FIRST Editions

1/20

Cela méritait zéro,
alors j'ai préféré
vous attribuer
le nombre de neurones
qui se sont activés
à la tâche...

Jolie glotte,
fond de gorge normal,
peut-être une carie...
À voir avec
son dentiste.
Bâille en cours !

Très intéressant...
Si l'on pouvait manger
votre copie, elle aurait
un goût d'extrait
de courge !

« J'ai l'immense plaisir
de vous annoncer
que l'agence
Standard & Poor's
vient d'accorder la note
de triple A à cette classe :
Andouilles, Ânes,
Analphabètes ! »

# Absence de travail ou mort cérébrale?

0

Merci pour ce voyage
dans les abysses
du fond de votre
crâne. Je n'ai rien
trouvé...

Ne dit pas que
des bêtises,
il en écrit aussi.

« Ne t'appuie pas contre
le mur, s'il te plaît !
Comme c'est toujours
le plus intelligent
qui cède le premier,
il risque de tomber… »

L'esprit aussi
vif et rapide
qu'une limace
asthmatique.

0

Soyez rassuré,
ça ne vaut
pas moins.

« Il y a des fois
où j'aimerais
être sourd pour
ne plus vous voir ! »

Votre devoir
est comme
la campagne
en plein hiver :
ça manque
de culture !

Vous avez
fait preuve
de beaucoup
de constance :
toujours aussi
mauvais !

« Qui veut me lécher le tableau ? »

0

Attention :
si deux grandes
oreilles vous poussent,
je ne serais pas
surpris de vous
entendre braire !

Vide intersidéral:
espace libre
dû à l'absence
de matière entre
tes deux oreilles!

Un exposé
sur les autruches
qui ne vole
pas bien haut...

« Personne ne sort
sans mon autorisation,
même si ça sonne !
La cloche, ici,
c'est moi ! »

0

La prochaine fois
que vous rendrez
copie blanche,
je diviserai votre
note par deux !

Sur quels critères
noter votre copie?
Il faudrait inventer
un cruchomètre!

« Les élèves irrespectueux seront suspendus à la porte ! »

Mieux
que si c'était
moins bien.

# 7

# Pourquoi ce blocus intellectuel?

Réalise
l'exploit de faire
des fautes
d'orthographe
même à l'oral!

« Monsieur Y est absent,
il est cloué sur le
panneau d'affichage… »

Premier de sa classe
en absentéisme !

# 2

## Votre copie méritait zéro mais j'ai beaucoup ri...

« Je vous prends
à l'index ! »

Tel un touriste
qui prendrait
des photos
en attendant
le train dans
une aérogare...

Bave en dormant.

# 9

Encore un 9...
Que couvez-vous?

« Prenez vos règles
et entourez le titre… »

A brillé
tout le trimestre…
par son absence !

Élève
qui participe
beaucoup...
au chahut!

« Ce n'est pas
un poil dans la main
que tu as,
c'est la tignasse
de Kev Adams ! »

## 1

Trop long!
148 caractères...
Je ne peux pas
valider votre tweet.

Attendons
impatiemment
la fin de l'hiver
et de son
hibernation...

Sait lire et écrire...
Ne désespérons pas,
il comprendra
peut-être un jour
à quoi cela sert!

« Il est grand temps
de savoir ce qu'est
un synonyme !
Ignares… Incultes…
Analphabètes…
Illettrés… »

# 3

# Copie sale et ignorance crasse !

Vous êtes la preuve
vivante que la vitesse
de la lumière
est supérieure
à celle du son :
dès que vous ouvrez
la bouche, vous paraissez
moins brillant.

« Tu as deux cerveaux :
l'un s'est perdu
et l'autre est parti
à sa recherche… »

Le paresseux est
un mammifère d'Amérique
tropicale qui appartient
à l'ordre des xénarthres.
Il vit suspendu à l'envers
dans les arbres, se déplace
avec une extrême lenteur
et est le champion du sommeil
paradoxal. Quelle chance
de pouvoir en observer
un spécimen dans la classe!

# 2

# ... de tension !

Contrairement
au lait et au jus
de tomate, vous n'êtes
jamais concentré.

« Mais qu'est-ce que c'est
que cette classe !
Soit vous êtes tous les enfants
illégitimes de Paris Hilton
et Jean-Claude Van Damme,
soit c'est le fan club
de Justin Bieber ! »

Êtes-vous de ceux
qui appuient
plus fort
sur les touches
de la télécommande
lorsque ses piles
sont à plat?

0

Copie blanche...
C'est la première fois
que vous exprimez
aussi parfaitement
bien le fond
de votre pensée !

« Apprends tes leçons !
Si ce n'est pas pour toi,
fais-le au moins
pour nourrir
intellectuellement
l'araignée que tu as
au plafond ! »

Siffle à merveille !
Mais de l'oiseau,
en a aussi
la cervelle...

Avec vous,
tout semble
si simple...
d'esprit.

# 7

## Seriez-vous bon à rien ou mauvais en tout?

« Ferme ta bouche,
on entend le son
de la cloche ! »

A certainement
des dons, même
s'ils restent
pour le moment
très bien cachés.

0

Félicitations !
Vous faites beaucoup d'efforts pour alléger mon travail.

« Qui a écrit
ça sur le tableau ?
Une moule
à marée basse
ou un bulot mort ? »

Une plante dans
son pot. Attention
à ce que l'on
ne vous arrose pas,
pensez à bouger
de temps en temps!

Redoublement inefficace.
N'est pas comme le bon vin,
ne se bonifie pas avec le temps.

# 4

# Les prétentions d'un cheval de course, les résultats d'un âne.

« Dépêche-toi un peu…
Tu as l'énergie
d'un sénateur
sous sédatifs ! »

Vous laisserez
votre empreinte
dans l'Histoire :
celle du début
de la régression
de l'espèce humaine !

La prochaine fois,
écrivez plus gros
ou je vous mettrai
une note
proportionnelle
à la taille
de votre écriture !

– Aujourd'hui,
nous allons réaliser
un test de dépistage !
– Ouais !!!
Un dépistage de quoi ?
– De votre ignorance.
Prenez une feuille,
interro surprise !

2

Progresse constamment - mais sûrement - vers le zéro.

Jacasse, papote,
caquette, pépie,
cancane, roucoule...
mais ne travaille pas.

Pour la première fois de l'année, il s'est enfin fait remarquer : il a gobé une mouche en bâillant !

« On t'a jamais appris à courir avec les bras ? »
(sport)

« Puisque c'est ça, pompe ! »
(sport)

# 0

# Le tiers-monde de la pensée...

Crache en classe.
Bon pour le cirque
et faire le lama.

Si on devait compter
sur vos lumières
pour nous éclairer,
le monde sombrerait
définitivement
dans l'obscurité.

« Votre professeur
de physique
a dû rentrer chez elle,
elle a été soudainement
prise de chaleurs
incontrôlables. »

## 16

Excepté vos parents,
qui l'eût cru?
Trichez-vous?

Prétend être
un excellent élève
les années bissextiles,
je lui ai proposé
de patienter encore
deux ans dans
la même classe...

« La prochaine fois
que vous ne venez pas
à mon cours,
je vous mets dehors ! »

# 17

Inspiration divine?
Chance du débutant?
Dons de voyance?
Triche?
L'essai reste
à transformer!

Mononeuronal!

Nous avons fait
une étrange
et bouleversante
découverte:
il y a une place
inoccupée entre
son voisin de gauche
et son voisin
de droite...

« La prochaine fois, laissez vos problèmes de cœur à l'entrée du collège. Vous savez ce que l'on dit : un de perdu, dix de retrouvés ! Eh oui, il faut parfois savoir reculer pour mieux sauter… »

0,5

En net progrès!

Pépites, perles, lapsus... De quoi faire le bêtisier de l'année uniquement avec votre copie !

« On ne mange pas
la bouche pleine
pendant mon cours ! »

Des notes toujours semblables à des températures hivernales, vivement le printemps!

## 2

Mauvaise nouvelle :
la greffe du cerveau
n'existe pas encore !
Et vous n'êtes
pas non plus
celui qui parviendra
à la réaliser
un jour...

Je préfère croire
que vous écrivez
sans penser,
que penser
que vous croyez
ce que vous écrivez !

« Toi, tu iras loin !
Avec le petit vélo
que tu as
dans la tête… »

Heureusement
que la cloche sonne
pour le réveiller !

0

Copie aussi légère
qu'une bulle,
mérite une bulle...

« Il faudrait
tous vous enfermer
dans un bocal
de cornichons ! »

Sèche parfois
les sorties avec
les copains
pour venir en cours
le lendemain matin.

Au lieu de participer
au remue-ménage,
ferait mieux
de remuer
ses méninges!

## 1

Vous apprenez
lentement...
Vous réfléchissez
lentement...
Vous écrivez lentement...
Cela me permet
de vous corriger
très rapidement.

« Mais qu'est-ce qui se passe ? Auriez-vous tous le QI d'une huître pas fraîche ? Vous vous êtes baignés pendant les vacances et vous vous êtes faits mazouter le cerveau, c'est ça ? »

Élève très attentif...
à l'horloge
et aux filles!

A fait beaucoup d'efforts ce trimestre : ne ronfle plus quand il dort !

« Le prochain qui parle,
je le prends
dans le bureau
du directeur ! »

0

Continuez ainsi
et des hommes
en blouse blanche
viendront
vous chercher !

S'applique
à ne rien faire
et y parvient
parfaitement. Bravo!

Et la lumière fut!
Malheureusement
très rapidement suivie
d'une panne
de courant...

« En rang !
Enfilez-vous
les uns derrière
les autres ! »

# 4

## Que se passe-t-il? Une grève céphalique?

À trop vouloir
répondre
en substance,
on va finir
par croire que
vous manquez de
substance... grise.

« Puisque
tu es encore chaude,
va mouiller l'éponge. »

Refuse de retirer
sa casquette
en classe.
Aurait-il pris
la grosse tête?

## O

Encore une bulle !
Avec toutes celles
que vous collectionnez,
peut-être trouverez-
vous du travail
dans une fabrique
d'eau pétillante ?

Écoute d'une oreille
et écrit de l'autre.

Doit apprendre
à lever le doigt
avant de dire
une bêtise !

« Sortez !
Ça vous apprendra
à ne pas venir ! »

Je vous octroie
la moitié d'un zéro,
c'est-à-dire
moins que rien.

# Esprit, es-tu là ?

« Vous êtes priés
de ne cracher que
dans vos bouches ! »

Un élève sur qui
l'on peut compter
mais qui ne sait
malheureusement
pas compter...

# 7

0... 0... 7...
des notes dignes
d'un agent secret
des services
britanniques !

De la famille
des fringillidés,
petit passereau brun
ayant une poitrine rosée
et un agréable gazouillis:
une vraie
tête de linotte!

« Je ne sais plus
par quel bout
vous prendre… »

Intellectuellement
inactif...
Encéphalogramme
plat?

## 1

Dommage que
le don de neurones
ne soit pas possible...

Élève très doué ! Reste à trouver pour quoi...

« À quelle température l'eau mouille-t-elle ? »

Quelle tristesse !
2,4 milliards
d'années d'évolution
pour en arriver
à ça...

## 0

Après ça, comment ne pas croire au lavage de cerveau? Attention à ne pas trop utiliser de détergent quand même!

« Attention,
si tu continues,
je vais te mettre le doigt
là où ça fait mal ! »

Une méduse
s'est échouée
dans la classe...
Nous aimerions
la remettre à l'eau
mais quand
on s'approche,
elle pique !

Indispensable
à la classe
comme la dinde
l'est à Noël.

« Ce n’est pas
d’un enseignant
dont vous avez besoin,
c’est d’un vétérinaire ! »

0

Nul.
(Pour la prochaine interrogation, rendez-moi cette feuille, elle est déjà notée !)

Faites en sorte
que lorsque l'on
s'adresse à vous,
nous n'ayons plus
la désagréable
impression de passer
du coq à l'âne !

« Pourquoi faut-il toujours que tu viennes avec ta bêtise en pack de 12 ? »

Illisible !
Votre main droite
écrit comme un pied,
essayez le pied
gauche !

0

Lobotomie?

S'est bien reposé,
va pouvoir pleinement
profiter de ses
vacances.

Les corrections
de ses copies
sont tellement simples
et rapides... comment
lui en vouloir ?

Élève trop rarement réveillé pour savoir s'il est bien éveillé.

0

Et voici votre
second zéro du mois,
de quoi faire
une jolie tête
à Toto!

« Quand je te regarde,
je me dis
qu'il doit manquer
une cloche
à une église... »

Nous le réveillons
parfois pour
nous assurer
qu'il est bien vivant...

A sans aucun doute
touché le fond,
mais il creuse encore...

« Qui veut
la sauter ? »
(sport)

« Expirez, soufflez…
Expirez, soufflez… »
(sport)

## 13

# En espérant que cela te porte bonheur !

Trop proche
du radiateur,
ses connaissances
ont fini par
s'évaporer...

« Je ne veux
pas entendre
les téléphones portables
sonner avant
la sonnerie. »

Une matière grise
encore bien trop
blanche qu'il s'évertue
à ne pas vouloir
souiller.

Téléphone portable une nouvelle fois confisqué ! Si ça continue, nous l'orienterons vers l'EFMRS (École de Formation au Métier de Rédacteur de SMS).

## 4

# Une bêtise par ligne...
# Utilisez-vous
# un spray
# pour diffuser
# vos âneries?

« Pour vous introduire
dans la classe,
vous devez être
deux par deux
et les uns derrière
les autres ! »

Siffle en classe !
Serait plus à sa place sur la branche d'un arbre que dans une salle de classe.

Prête à tout
mais bonne à rien.

« Tiens ! Je te vois, ça me fait penser que ce soir il faut que j'achète de l'andouille… »

Me fait l'effet
d'une jeune tortue
qui attendrait
sur le parking
d'un supermarché
que la marée haute
vienne l'emporter...

0

Ne désespérez pas,
chaque poubelle
a son couvercle.
En attendant,
vous pouvez y jeter
votre copie.

Mastique... Reste collé à la fenêtre pour observer les voitures passer... Mastique... Tel un bovin qui rumine au bord d'une voie ferrée...

Se réveille parfois
pour regarder
l'heure...

Toujours près du radiateur, il sèche.

« Attendez!
La fin du cours
n'est pas terminée ! »

# Découvrez aussi :

ISBN: 978-2-7540-0363-6 ISBN: 978-2-7540-1521-9

Contactez l'auteur
et retrouvez tous ses livres sur
www.gaulet-livres.com